Anni Kolvenbach

Einstieg in die ARBEITSLEHRE

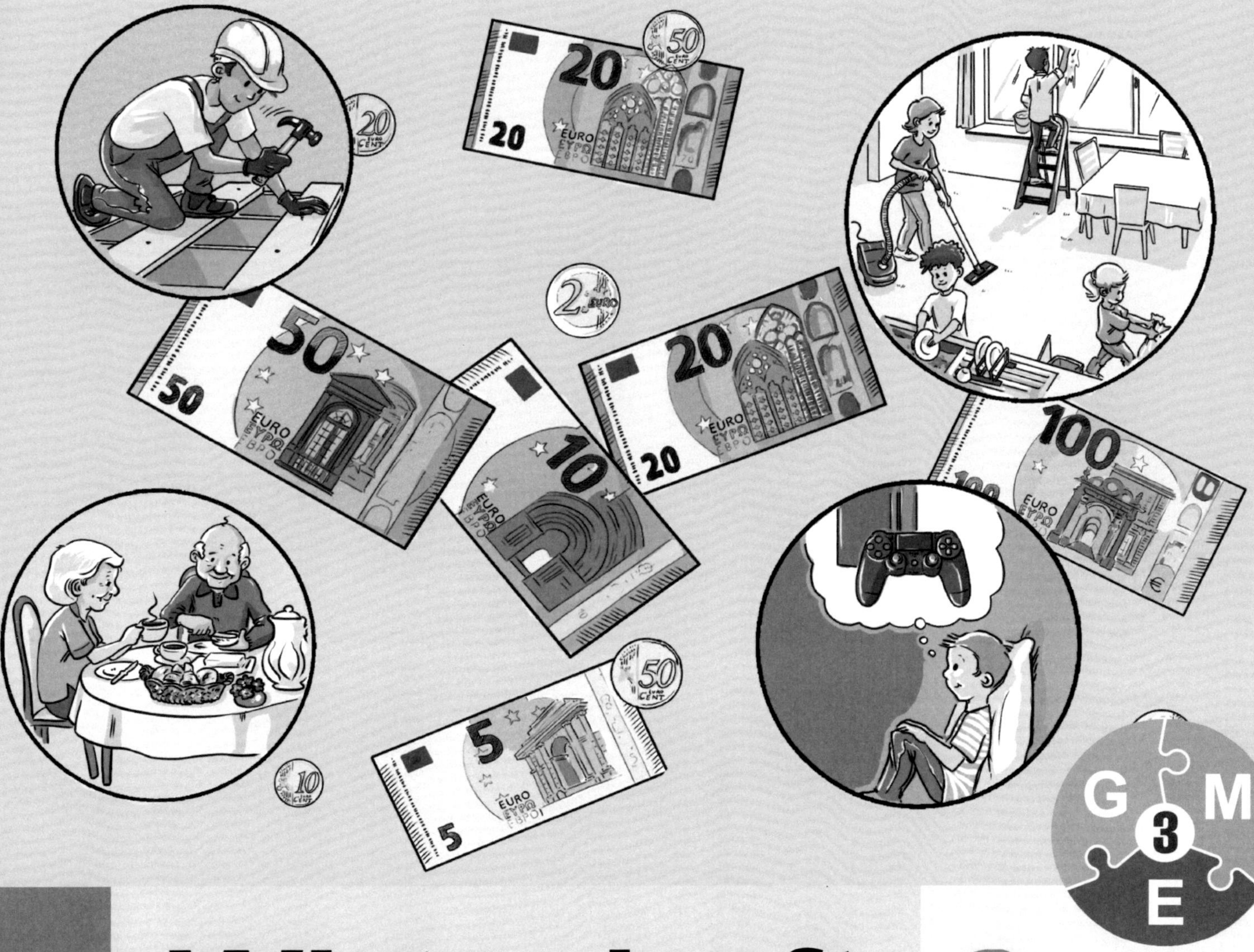

G M 3 E

19 **Wirtschaft**

Einstieg in die Arbeitslehre

Sonderpädagogisches Fördermaterial (Band 19)

3. Auflage 2025

Inhalt: Anni Kolvenbach
Coverbild: Scott Krausen
Redaktion: Kohl-Verlag
Grafik & Satz: Kohl-Verlag
Druck: Druckerei Flock, Köln

Bestell-Nr. 12 877

ISBN: 978-3-98558-304-1

Bildquellen © AdobeStock.com:

S. 17, 18, 19: antoonsparis, **S. 20, 21, 22:** cirodelia, whitecityrecords, zonasng, bennymarty, Rawf8, **S. 32:** janvier, 4th Life Photography

Kontakt: Kohl-Verlag, An der Brennerei 37-45, 50170 Kerpen
Tel: +49 2275 331610, Mail: info@kohlverlag.de

Inhalt

	Seite
Haushalte sind verschieden	5 - 7
Hausarbeit und Erwerbsarbeit	8 - 10
Ehrenamtliche Arbeit	11 - 13
Arbeit in der Familie	14 - 16
Unterschiedliche Bedürfnisse	17 - 19
Bedürfnisse und Bedarfe	20 - 22
Wirtschaftliches Handeln	23 - 25
Taschengeld	26 - 28
Reicht das Geld aus?	29 - 31
Rechnen mit Geld	32

EINSTIEG IN DIE ARBEITSLEHRE
Sonderpädagogisches Fördermaterial (Band 19) – Bestell-Nr. 12 877

Vorwort

Liebe Kolleginnen und Kollegen,

das Feld „Inklusion" rückt immer mehr in den Bereich der Regelschulen und gerade in den naturwissenschaftlichen Fächern ist das Material rar. Das hat mich ermutigt, mein über Jahre gesammeltes Material neu zu sortieren und zu veröffentlichen.

DAS Kind mit einer Lernbehinderung gibt es nicht; der Grad der Lerneinschränkung ist so unterschiedlich, wie die Kinder selbst.

Nur, welche Anforderungen müssen die Kinder an einer Regelschule leisten? Wie hoch darf ich meinen Anspruch „schrauben"? Wie weit muss ich in meinen Erwartungen runter gehen? Diese Fragen stellt man sich meist, wenn man ein Kind mit einer Lerneinschränkung nun in einem Klassenverband der Regelschule sitzen hat.
Die Antwort ist eigentlich recht einfach: Die zu bietenden Leistungen des Kindes sind der Anspruch der Lehrer•in. Viel zentraler ist, dass die Kinder dabei sind, dass das Thema das Gleiche ist.

<u>Dazu ein kurzes Beispiel</u>: Die Klasse liest im Wirtschaftsbuch etwas zum Thema „Taschengeld". Die SuS bearbeiten die Aufgaben und übertragen ggf. Abbildungen in ihr Heft. Schon beim Lesen beginnt oft die Hürde für ein Kind mit einer Lernbehinderung. Einige können „vorlesen" und erfassen den inhaltlichen Sinn nicht, andere könnten den Inhalt erfassen, wenn der Text etwas einfacher und kürzer wäre. Aber was das Wesentliche ist: Alle Kinder beschäftigen sich mit dem gleichen Thema, nur jedes auf eine andere Art und Weise.

Da Sie die Kinder mit einer Lerneinschränkung am besten beurteilen können, haben wir jedes Thema in drei Niveaustufen aufbereitet. Die Ampel signalisiert die Niveaustufen von 1 (ganz grundlegendes Niveau) bis 3 (inhaltlich selbst erfassendes Niveau).

Und nun wünschen wir Ihnen viel Erfolg beim Einsatz unserer Kopiervorlagen- und Ideensammlung.

Der Kohl-Verlag und

Anni Kolvenbach

Name:___________________________

Klasse:___________________________

1

Haushalte sind verschieden

Aufgabe: Schaue dir die Bilder an und erzähle, was du siehst. Male die Bilder aus.

Erzählanlässe:

- Menschen bilden einen Haushalt.
- Das können Menschen mit oder ohne Kinder sein.
- Jeder muss sich am Haushalt beteiligen.
- Leute teilen sich eine Wohnung und bilden eine Wohngemeinschaft.

EINSTIEG IN DIE ARBEITSLEHRE
Sonderpädagogisches Fördermaterial (Band 19) – Bestell-Nr. 12 877
KOHL VERLAG

Name: ______________________

Klasse: ______________________

2

Haushalte sind verschieden

Aufgabe: Lies und verbinde. Male anschließend die Bilder aus.

Familie mit Kindern	Wohn-gemeinschaft	Familie ohne Kinder

Name: ______________________________

Klasse: ______________________________

Haushalte sind verschieden

Aufgabe: Lies den Text und fülle den Lückentext aus.

Immer wenn Menschen zusammen in einer gemeinsamen Wohnung oder einem Haus leben, spricht man von einem Haushalt. Es kann ein Paar ohne Kinder genauso ein Haushalt sein, wie ein Paar mit Kindern. Manchmal sind Wohnungen sehr teuer und so teilen sich verschiedene Menschen diese Wohnung. Sie bilden eine Wohnungsgemeinschaft. Diese nennt man kurz WG. Auch diese WG ist ein Haushalt. In einem Haushalt fallen verschiedene Arbeiten an, die aufgeteilt werden müssen.

Ziel eines Haushalts ist, dass man gemeinsam nicht nur wohnt, sondern sich die Kosten und die anfallende Arbeit aufteilt.

Wenn Menschen zusammen in einer gemeinsamen Wohnung leben, spricht man von einem ____________________. In einem Haushalt kann ein Paar mit ______________ oder ein ______________ ohne Kinder wohnen. Manchmal sind Wohnungen sehr ______________. Dann ______________ sich verschiedene Menschen eine Wohnung. Sie bilden dann eine ______________________. Diese nennt man kurz ________. Es fallen verschiedene ______________ in einem Haushalt an, die verteilt werden müssen.

Arbeiten – WG – Paar – teuer – Haushalt – Wohnungsgemeinschaft – teilen – Kindern

EINSTIEG IN DIE ARBEITSLEHRE
Sonderpädagogisches Fördermaterial (Band 19) – Bestell-Nr. 12 877
KOHL VERLAG

Name: ______________________________

Klasse: ______________________________

1

Hausarbeit und Erwerbsarbeit

Aufgabe: Verbinde und erzähle, was auf den Bildern zu sehen ist. Male anschließend die Bilder aus.

Arbeit mit der man Geld verdient.	Arbeit ohne Geld zu bekommen

Erzählanlass:

- Die Frau erledigt Hausarbeiten. Sie bekommt dafür kein Geld.
- Der Mann arbeitet als Schreiner. Er bekommt Geld für seine Arbeit.
- Die Hausarbeit macht man für die Familie ohne Geld zu bekommen.
- Den Beruf macht man, damit man Geld für die Familie verdient.

Name: ____________________

Klasse: ____________________

Hausarbeit und Erwerbsarbeit

Aufgabe: Schneide aus, ordne zu und klebe auf.

Hausarbeit	**Erwerbsarbeit**

✂

Der Mann arbeitet als Schreiner.

Die Hausarbeit macht man für die Familie.

Für die Hausarbeit bekommt man kein Geld.

Für seine Arbeit im Beruf bekommt man Geld.

Das Geld, das man mit seinem Beruf verdient, braucht die Familie zum Leben.

Jeder in einem Haushalt muss sich an der Arbeit beteiligen.

EINSTIEG IN DIE ARBEITSLEHRE
Sonderpädagogisches Fördermaterial (Band 19) – Bestell-Nr. 12 877
KOHL VERLAG

Name: ______________________________

Klasse: ______________________________

Hausarbeit und Erwerbsarbeit

Aufgabe: Trage ein.

Wenn man in einem Haushalt lebt, dann bekommt man für die Arbeit, die man dort leistet kein Geld. Man trägt etwss zur Gemeinschaft bei. Das ist das Ziel eines Haushaltes. Jeder arbeitet mit ohne dafür Geld zu bekommen. So teilt sich die Arbeit unter den Mitgliedern eines Haushaltes auf. Jeder macht etwas.

Die Erwerbsarbeit ist die Arbeit die man leistet, um Geld zu verdienen. Man geht einer Arbeit nach und am Ende des Monats bekommt man das Geld für seine Arbeit. Dieses Geld dient dazu, dass man die Miete für die Wohnung bezahlen kann. Man kauft davon Lebensmittel und Kleidung oder gönnt sich ab und zu einmal etwas Besonderes. Einen Teil des Geldes sollte man sparen, wenn man einmal etwas Teureres kaufen muss.

Für die Arbeit im ______________________ bekommt man kein Geld. Diese Arbeit macht man für die ______________________ des Haushaltes. Jeder beteiligt sich an der ______________________, die gerade anfällt.

Bei der ______________________ bekommt man ______________ für seine Arbeit. Das Geld bekommt man am Ende des ______________________. Dieses Geld braucht man, um die Miete für eine ______________________ zu bezahlen oder ______________________ zu kaufen.

Mitglieder – Miete – Erwerbsarbeit – Monats – Arbeit – Geld – Lebensmittel – Haushalt

Name: ____________________

Klasse: ____________________

Ehrenamtliche Arbeit

Aufgabe: Schneide aus, sortiere zu und klebe auf. Male die Bilder aus.

Ich bringe Kindern in meiner Freizeit das Fußballspielen bei. Ich bekomme kein Geld dafür.

Ich verteile Lebensmittel. Die bekommen Menschen, die wenig Geld haben. Ich bekomme kein Geld dafür.

EINSTIEG IN DIE ARBEITSLEHRE
Sonderpädagogisches Fördermaterial (Band 19) – Bestell-Nr. 12 877
KOHL VERLAG

Name: ___________________________________

Klasse: ___________________________________

Ehrenamtliche Arbeit

Aufgabe: Verbinde und male anschließend die Bilder aus.

Für die Arbeit bekommt er kein Geld.

Er bringt Kindern das Fußballspielen bei und hilft ihnen bei Problemen.

In seiner Freizeit kümmert er sich um Kinder.

In seiner Freizeit kümmert er sich um arme Menschen.

Er gibt Lebensmittel aus, die Supermärkte gespendet haben.

Name: ______________________

Klasse: ______________________

Ehrenamtliche Arbeit

Aufgabe: Lies den Text und fülle den Lückentext aus.

Wenn man eine Arbeit für andere macht, ohne dafür Geld zu bekommen, dann spricht man von ehrenamtlicher Arbeit. Man unterstützt zum Beispiel eine Hilfsgemeinschaft. Das ist eine Gruppe von Menschen, die anderen Menschen hilft, ohne dafür Geld zu bekommen. Auch die Trainer•innen in einem Sportverein arbeiten ehrenamtlich. Sie bekommen kein Geld dafür, dass sie Mannschaften trainieren oder zu Spielen anleiten. Häufig legen sie noch Geld aus ihrer Erwerbsarbeit aus, um zum Beispiel das Benzin zu bezahlen, um mit dem Auto zur Sporthalle kommen zu können. Ohne die vielen ehrenamtlichen Helfer wären Hilfsangebote, Sportangebote oder andere Freizeitaktivitäten nicht möglich. Engagiere dich doch auch!

Wenn man eine Arbeit in seiner ______________________ ausführt und dafür kein ______________________ bekommt, dann ist diese Arbeit ______________________.
Man kann ______________________ unterstützen. Man hilft dann anderen Menschen. Auch die Trainer•innen in einem ______________________ bekommen für ihre Arbeit kein Geld. Sie leiten zum Spielen an und Trainieren Kinder. Ohne diese ehrenamtlichen ______________________ wäre vieles nicht möglich.

Sportverein – ehrenamtlich – Helfer – Geld – Hilfsgemeinschaften – Freizeit

EINSTIEG IN DIE ARBEITSLEHRE
Sonderpädagogisches Fördermaterial (Band 19) – Bestell-Nr. 12 877
KOHL VERLAG

Name: ______________________________

Klasse: ______________________________

1

Arbeit in der Familie

Aufgabe: Alle arbeiten im Haushalt mit. Erzähle, was du auf dem Bild siehst. Male das Bild aus.

Erzählanlass:

- Die Kinder helfen im Haushalt mit. Der Junge spült und das Mädchen bringt den Müll weg.
- Für die Arbeit im Haushalt gibt es kein Geld. Alle leben zusammen und alle beteiligen sich an der Arbeit.
- Die Mutter saugt den Boden und der Vater putzt die Fenster.
- Die Arbeit wird nach der Erwerbsarbeit und der Schule erledigt.

EINSTIEG IN DIE ARBEITSLEHRE

Name: ________________________________

Klasse: ________________________________

2

Arbeit in der Familie

Aufgabe: Schneide aus, ordne zu und klebe auf.

Die Mutter saugt den Boden.

Für die Arbeit in der Familie bekommt man kein Geld.

Das Mädchen bringt den Müll weg.

Der Junge spült das Geschirr.

Der Vater putzt die Fenster.

EINSTIEG IN DIE ARBEITSLEHRE
Sonderpädagogisches Fördermaterial (Band 19) – Bestell-Nr. 12 877
KOHL VERLAG

Name: ______________________________

Klasse: ______________________________

Arbeit in der Familie

Aufgabe: Lies den Text und fülle den Lückentext aus.

Arbeit innerhalb der Familie ist oft anstrengend und wird unterschätzt. Es fällt sehr viel an, zum Beispiel:

- Reinigungsarbeiten
- Wäsche waschen
- aufräumen
- Reparaturarbeiten
- Formulare ausfüllen und Dokumente verwalten

und noch vieles mehr. Für diese Arbeit in der Familie gibt es

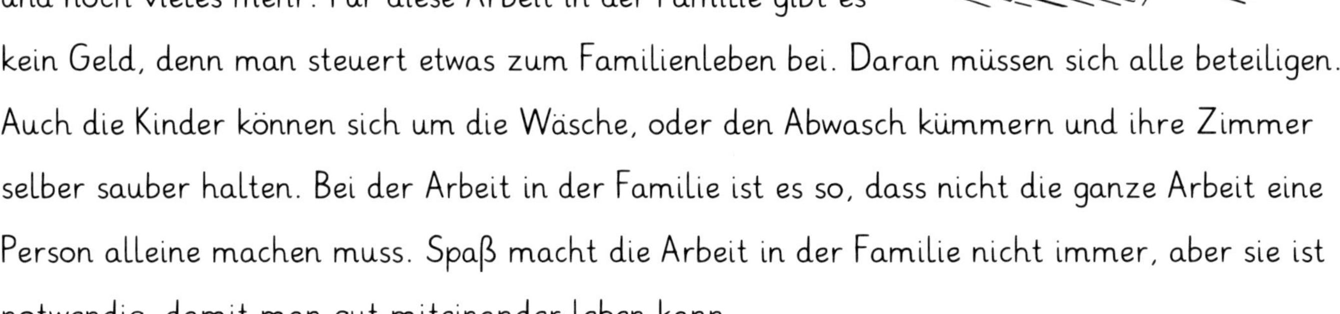

kein Geld, denn man steuert etwas zum Familienleben bei. Daran müssen sich alle beteiligen. Auch die Kinder können sich um die Wäsche, oder den Abwasch kümmern und ihre Zimmer selber sauber halten. Bei der Arbeit in der Familie ist es so, dass nicht die ganze Arbeit eine Person alleine machen muss. Spaß macht die Arbeit in der Familie nicht immer, aber sie ist notwendig, damit man gut miteinander leben kann.

Auch innerhalb der Familie fällt viel ____________________ an. Dazu gehören Reinigungsarbeiten, ____________________ waschen, aufräumen, ____________________ und Formulare ausfüllen und Dokumente verwalten. Für die Arbeit in der Familie gibt es kein ____________________. Jeder steuert etwas zum ____________________ bei. Auch ____________________ können sich um den Abwasch kümmern und ihre ____________________ sauber halten. Die Arbeit wird in der Familie aufgeteilt, damit nicht eine Person alles ____________________ machen muss.

alleine – Arbeit – Geld – Familienleben – Wäsche – Kinder – Zimmer – Reparaturarbeiten

EINSTIEG IN DIE ARBEITSLEHRE
KOHL VERLAG

Name: ______________________________

Klasse: ______________________________

Unterschiedliche Bedürfnisse

Aufgabe: Schaue dir die Pyramide an und beschreibe was du siehst. Male sie anschließend aus. Was ist dir wichtig? Erzähle.

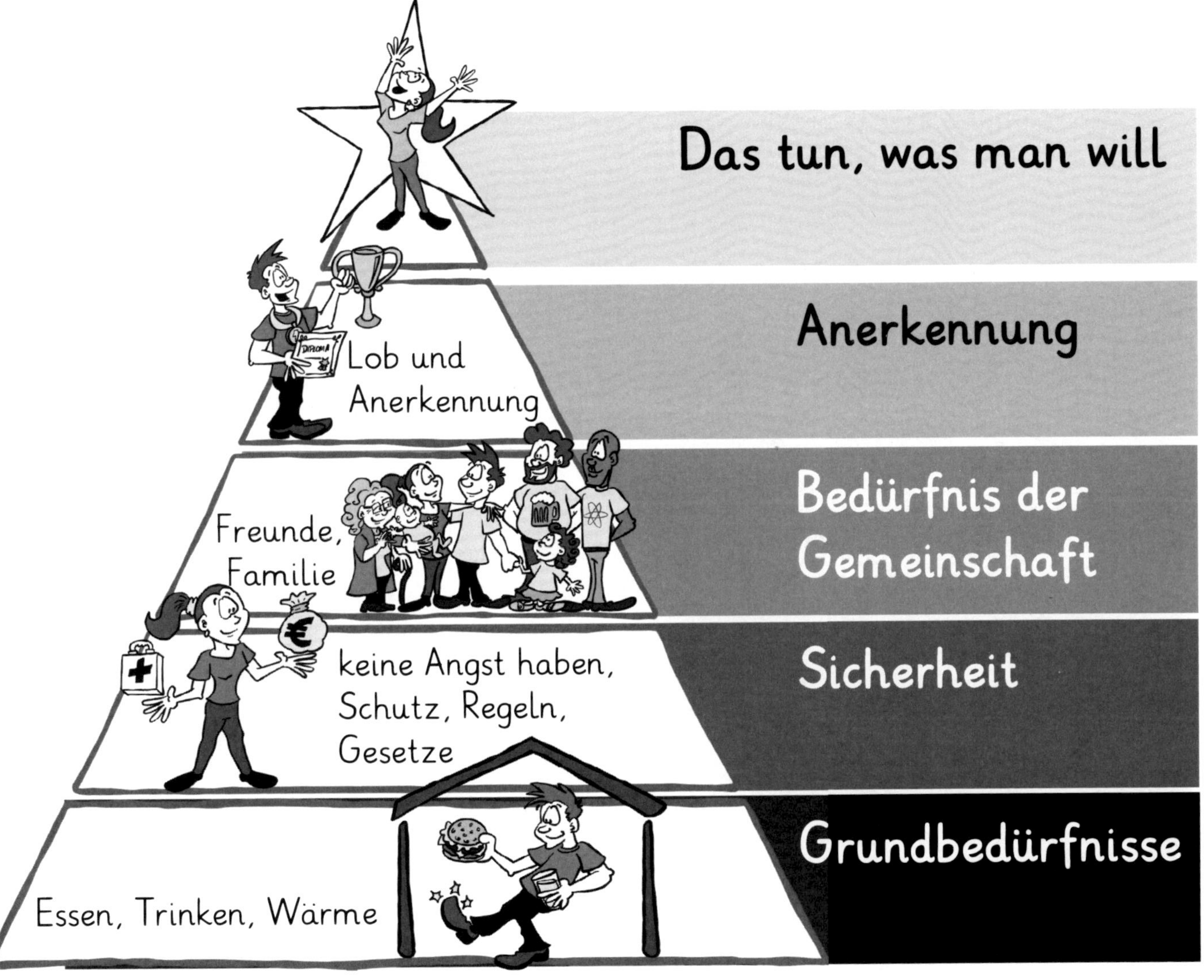

EINSTIEG IN DIE ARBEITSLEHRE
Sonderpädagogisches Fördermaterial (Band 19) – Bestell-Nr. 12 877
KOHL VERLAG

Name: ______________________________

Klasse: ______________________________

Unterschiedliche Bedürfnisse

Aufgabe: Schneide aus, ordne zu und klebe auf.

Anerkennung
Lob und Anerkennung

Bedürfnis der Gemeinschaft
Freunde, Familie, Kontakte

Sicherheit
keine Angst haben, Schutz, Regeln, Gesetze

Grundbedürfnisse
Essen, Trinken, Wärme

Das tun, was ich will

Name: ______________________________

Klasse: ______________________________

Unterschiedliche Bedürfnisse

Aufgabe: Lies den Text und fülle die Pyramide aus.

Die Menschen haben unterschiedliche Bedürfnisse. Viele dieser Bedürfnisse sind aber bei den Menschen gleich. Der amerikanische Psychologe Abraham Maslow hat die Bedürfnisse der Menschen in einer Pyramide dargestellt. Unten sieht man, dass die Menschen was zu essen haben möchten und im Winter nicht frieren wollen. Auf der zweiten Stufe sieht man, dass die Leute Sicherheit haben wollen. Dazu muss es Gesetze und Regeln geben. Keiner soll Angst haben. Nun braucht der Mensch auch Kontakte zu anderen Menschen. Das sieht man in der dritten Stufe. Wir brauchen Freunde und Familie und andere Kontakte, mit denen wir uns austauschen können. Die vierte Stufe zeigt, dass wir Anerkennung brauchen und ein Lob. Wenn wir gearbeitet haben oder etwas erreicht haben, dann möchten wir dafür gelobt werden. Und die letzte Stufe zeigt, dass man das machen möchte, was man selber will.

Anerkennung – Grundbedürfnisse –
Sicherheit – Das tun, was man will –
Bedürfnis der Gemeinschaft

EINSTIEG IN DIE ARBEITSLEHRE
Sonderpädagogisches Fördermaterial (Band 19) – Bestell-Nr. 12 877
KOHL VERLAG

Name: ______________________

Klasse: ______________________

Bedürfnisse und Bedarfe

Aufgabe: Umkreise alles, was man wirklich im Leben braucht.

teure Schuhe

Nahrung

Spielekonsole

Freunde

Anerkennung

Schutz

teures Fahrrad

teures Auto

EINSTIEG IN DIE ARBEITSLEHRE

Name: ______________________________

Klasse: ______________________________

Bedürfnisse und Bedarfe

Aufgabe: Ein Bedürfnis ist etwas, was man im Leben braucht. Einen Bedarf kann man nur kaufen, wenn man auch das Geld hat. Verbinde.

Bedürfnis

Bedarf

EINSTIEG IN DIE ARBEITSLEHRE
Sonderpädagogisches Fördermaterial (Band 19) – Bestell-Nr. 12 877
KOHL VERLAG

Name: ______________________________

Klasse: ______________________________

Bedürfnisse und Bedarfe

Aufgabe: Lies den Text und fülle den Lückentext aus.

Wenn ein Mensch empfindet, dass er eine Sache braucht, dann spricht man von einem Bedürfnis. Zum Beispiel die tägliche Nahrung oder aber Freunde und Familie, Anerkennung und Lob, wenn einem etwas gut gelungen ist. Um einige Bedürfnisse zu erlangen, benötigt man kein Geld. Wenn man aber unbedingt etwas haben möchte, und das passende Geld hat, um es zu kaufen, dann nennt man dies einen Bedarf. Wichtig ist hier, dass man sich den Bedarf auch leisten kann. Hat man das Geld noch nicht zusammen, so muss man es sparen. Zu einem Bedarf zählt zum Beispiel ein ganz bestimmtes Spielzeug, das man haben möchte. Zum Leben braucht man es eigentlich nicht, darum ist es ein Bedarf.

Von einem ________________ spricht man, wenn ein Mensch unbedingt etwas braucht. Dazu gehört die tägliche ________________ oder Freunde und ________________. Auch Anerkennung und ________________, wenn etwas gut gelungen ist, gehören zu den Bedürfnissen.

Wenn man unbedingt etwas haben möchte, und das Geld dazu hat, dann ist das ist ________________. Wichtig ist dabei, dass man sich den Bedarf ________________ kann. Hat man das Geld noch nicht zusammen, so muss man ________________.

Nahrung – Bedürfnis – leisten – Lob – sparen – Bedarf – Familie

Name: ______________________________

Klasse: ______________________________

Wirtschaftliches Handeln

Aufgabe: Schaue dir die Bilder an und erzähle, was die Kinder denken könnten. Schneide dann die Gedankenblasen aus und klebe sie auf. Male die Bilder aus.

Muss es unbedingt der teure Kaugummi sein?

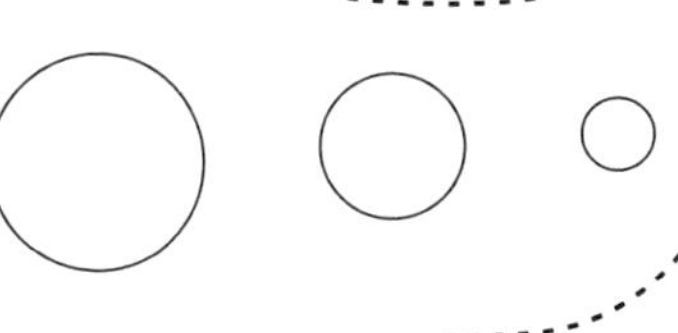

Mist, ich würde gerne die Konsole kaufen, aber sie ist zu teuer.

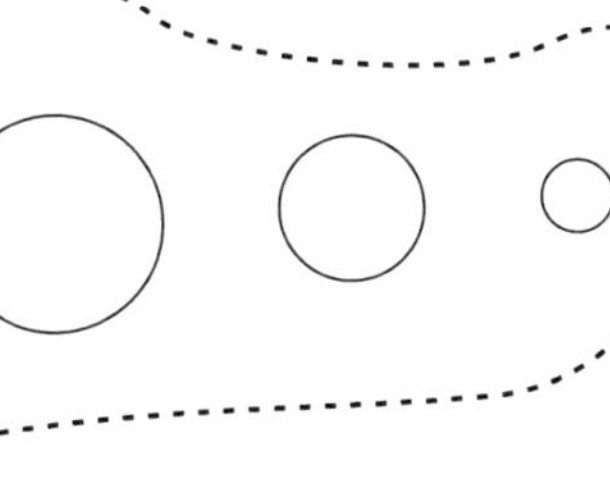

EINSTIEG IN DIE ARBEITSLEHRE
Sonderpädagogisches Fördermaterial (Band 19) – Bestell-Nr. 12 877
KOHL VERLAG

Name: ______________________________

Klasse: ______________________________

Wirtschaftliches Handeln

Aufgabe: Verbinde.

Der Junge hat sein Taschengeld in der Hand.

Der Junge muss noch sparen, um die Konsole zu kaufen.

Das Mädchen hat ihr Taschengeld in der Hand.

Sie überlegt, für welches Angebot sie das Geld ausgibt.

Das Geld reicht nicht, um die Spielekonsole zu kaufen.

Name: ______________________________

Klasse: ______________________________

Wirtschaftliches Handeln

Aufgabe: Lies den Text und fülle den Lückentext aus.

Wenn du etwas kaufen möchtest, so benötigst du Geld. Es ist wichtig, dass du dein Geld zusammenhältst. Das gelingt dir, indem du einen Vergleich startest. Nehmen wir einmal an, ein Kaugummi kostet an der Tankstelle 0,50 €. Im Supermarkt, der genau daneben liegt, kosten drei Kaugummis 0,50 €. Wo würdest du die Kaugummis kaufen? Klar, im Supermarkt. Dort bekommst du dreimal so viele Kaugummis, wie an der Tankstelle. Sich für das zu entscheiden, was am meisten bringt, nennt man wirtschaftliches Handeln. Du versuchst so viel wie möglich für dein Geld zu bekommen. Oder aber du kaufst eine Sache so günstig wie möglich ein, damit du mit deinem Geld auskommst.

Du benötigst ____________________ um etwas zu kaufen. Es ist wichtig, dass du dein Geld ____________________. Das gelingt dir nur, wenn du die Preise ________________.
Wenn an einer Tankstelle ein Kaugummi 0,50 € und im ______________________ drei Kaugummis 0,50 €, dann kaufst du sie dort, wo es __________________ ist. Sich für das Angebot zu entscheiden, was am meisten bringt, nennt man ______________________________ ____________________. Du versuchst so viel wie ____________________ für dein Geld zu bekommen.

vergleichst – zusammenhältst – wirtschaftliches Handeln – möglich – Geld – Supermarkt – günstiger

EINSTIEG IN DIE ARBEITSLEHRE
Sonderpädagogisches Fördermaterial (Band 19) – Bestell-Nr. 12 877
KOHL VERLAG

Name: ____________________________________

Klasse: ____________________________________

Taschengeld

Aufgabe: Schneide die Geldbeträge aus und lege den jeweiligen Geldbetrag auf das Feld. Lies den Geldbetrag laut vor.

5 €

7 €

1 €

20 €

0,50 €

10 €

0,30€

0,10 €

0,03 €

Die Geldmünzen und Scheine befinden sich auf Seite 32.

Name: ______________________________

Klasse: ______________________________

Taschengeld

Aufgabe: Lies dir die Texte durch und entscheide, ob das stimmt. Verbinde.

stimmt

stimmt nicht

Jedes Kind muss im Monat 10 € bekommen.

Das Geld, das man von den Eltern bekommt, heißt Taschengeld.

Man soll das Taschengeld sparen.

Eltern müssen Kindern ein Taschengeld geben.

Man muss gut überlegen, wofür man sein Taschengeld ausgibt.

Durch das Taschengeld sollen Kinder lernen mit Geld umzugehen.

KOHL VERLAG
EINSTIEG IN DIE ARBEITSLEHRE
Sonderpädagogisches Fördermaterial (Band 19) – Bestell-Nr. 12 877

Name: ______________________________

Klasse: ______________________________

Taschengeld

Aufgabe: Lies den Text und fülle den Lückentext aus.

Taschengeld ist das, was du von deinen Eltern oder anderen Personen bekommst, damit du dir selber etwas kaufen kannst. Der Sinn des Taschengeldes ist, dass du lernst, dass du dir nur das kaufen kannst, wozu dein Taschengeld reicht. Niemand ist verpflichtet, seinen Kindern Taschengeld zu geben. Also ein Recht auf Taschengeld haben Kinder nicht.

Der Taschengeldbetrag ist unterschiedlich hoch. Wenn es weniger ist, so musst du das Taschengeld sparen, damit es mehr wird. Wenn du natürlich einen Teil deines Taschengeldes ausgibst, so hast du natürlich weniger. Du musst schauen, dass es immer noch für das ausreicht, was du dir kaufen möchtest. Wenn du etwas größeres kaufen möchtest, so musst du dein Taschengeld länger sparen.

Von deinen ____________________ oder einer anderen Person bekommst du Geld, damit du dir etwas ____________________ kannst.

Dieses Geld nennt man __________________________. Du sollst _________________ mit dem Taschengeld nur das zu kaufen, wozu das Geld ausreicht. Niemand ist ________________ Kindern Taschengeld zu geben. Da keiner Taschengeld geben muss, ist der ______________________ unterschiedlich hoch. Bekommst du weniger Geld, so musst du es ______________, wenn du dir etwas teureres kaufen möchtest.

sparen – Eltern – Taschengeld – kaufen – lernen – Betrag – verpflichtet

Name: ______________________________

Klasse: ______________________________

Reicht das Geld aus?

Aufgabe: Schaue dir das Bild genau an und erkläre, was du siehst. Male das Bild anschließend aus.

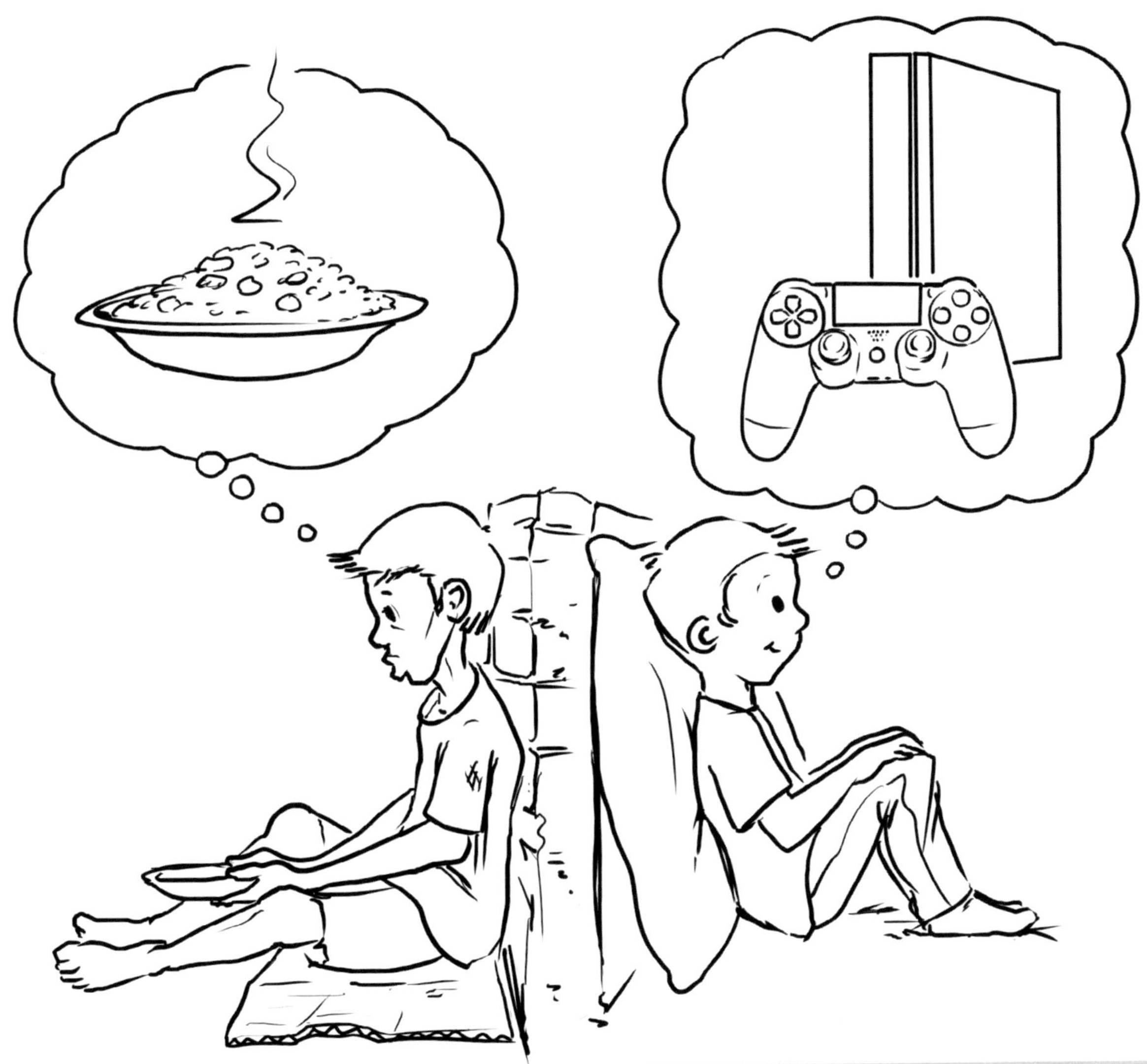

Erzählanlass:

- Kinder in ärmeren Ländern müssen überlegen, ob sie sich von ihrem Geld etwas zu essen leisten können.
- Kinder in reicheren Ländern geben ihr Geld für Luxusartikel aus, wie Spielekonsolen.
- Teilweise müssen Kinder in ärmeren Ländern arbeiten, damit sie etwas zu essen haben.
- In Deutschland, Österreich oder der Schweiz wird den Kindern eine Schulbildung angeboten. Sie müssen nicht arbeiten. Das ist verboten.

EINSTIEG IN DIE ARBEITSLEHRE
Sonderpädagogisches Fördermaterial (Band 19) – Bestell-Nr. 12 877
KOHL VERLAG

Name: ______________________________

Klasse: ______________________________

Reicht das Geld aus?

Aufgabe: Schneide aus, ordne zu und klebe auf.

Kind in einem armen Land

Kind in einem reichen Land

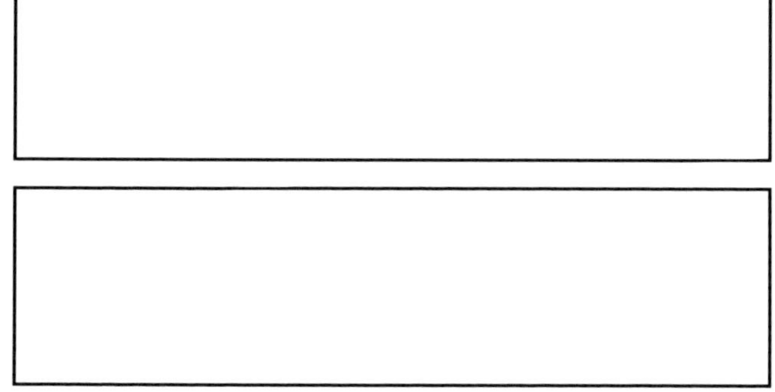

Das Kinder arbeiten ist in Deutschland, Österreich und der Schweiz verboten.

Kinder sparen ihr Geld, damit sie sich eine teure Sache kaufen können, die man nicht dringend braucht.

Kinder müssen sparen, damit sie sich etwas zu Essen kaufen können.

Kinder müssen arbeiten, damit sie sich etwas zu essen kaufen können.

Name: ______________________________

Klasse: ______________________________

Reicht das Geld aus?

Aufgabe: Lies den Text und fülle den Lückentext aus.

Ob das Geld für etwas ausreicht, das liegt daran, wie viel Geld man bekommt und ob man spart. Natürlich liegt es auch daran, was man für das Geld kaufen möchte. Es ist also wichtig, sich sein Geld gut einzuteilen. Dazu muss man schauen, dass man so günstig wie möglich einkauft. Auch sollte man sich die Frage stellen: „Brauche ich das jetzt wirklich? Ist es wirklich wichtig oder kann ich darauf verzichten?". Wenn man sich vorher diese Frage stellt, dann kommt man in der Regel mit seinem Geld aus. Man kann also nicht hingehen, wenn man nur 10 Euro hat, etwas kaufen, was aber 15 Euro kostet. Wenn man unbedingt die Sache für 15 Euro haben möchte, so muss man noch etwas sparen oder aber auf den Artikel für 15 Euro verzichten. In unseren Ländern sprechen wir meist von Dingen, die wir nicht unbedingt zum Leben brauchen. In ärmeren Ländern sparen die Leute Geld, um sich davon etwas zu essen zu kaufen. Auch Kinder müssen in vielen armen Ländern arbeiten. Wir sollten froh sein, dass uns solche Sorgen nicht plagen. Aber auch in Deutschland, Österreich und der Schweiz gibt es arme Familien, die sich nicht immer ein Essen leisten können.

Man kann nicht mehr ____________________ ausgeben, als man hat. Wenn das Geld nicht reicht, dann muss man ________________. In anderen __________________ müssen die Leute Geld sparen, um sich etwas zu __________________ kaufen zu können. Viele Kinder müssen in diesen Ländern __________________. Auch in Deutschland, Österreich und der Schweiz gibt es ________________ Familien.

arme - Geld - Ländern - sparen - essen - arbeiten

EINSTIEG IN DIE ARBEITSLEHRE
Sonderpädagogisches Fördermaterial (Band 19) – Bestell-Nr. 12 877
KOHL VERLAG

Rechnen mit Geld

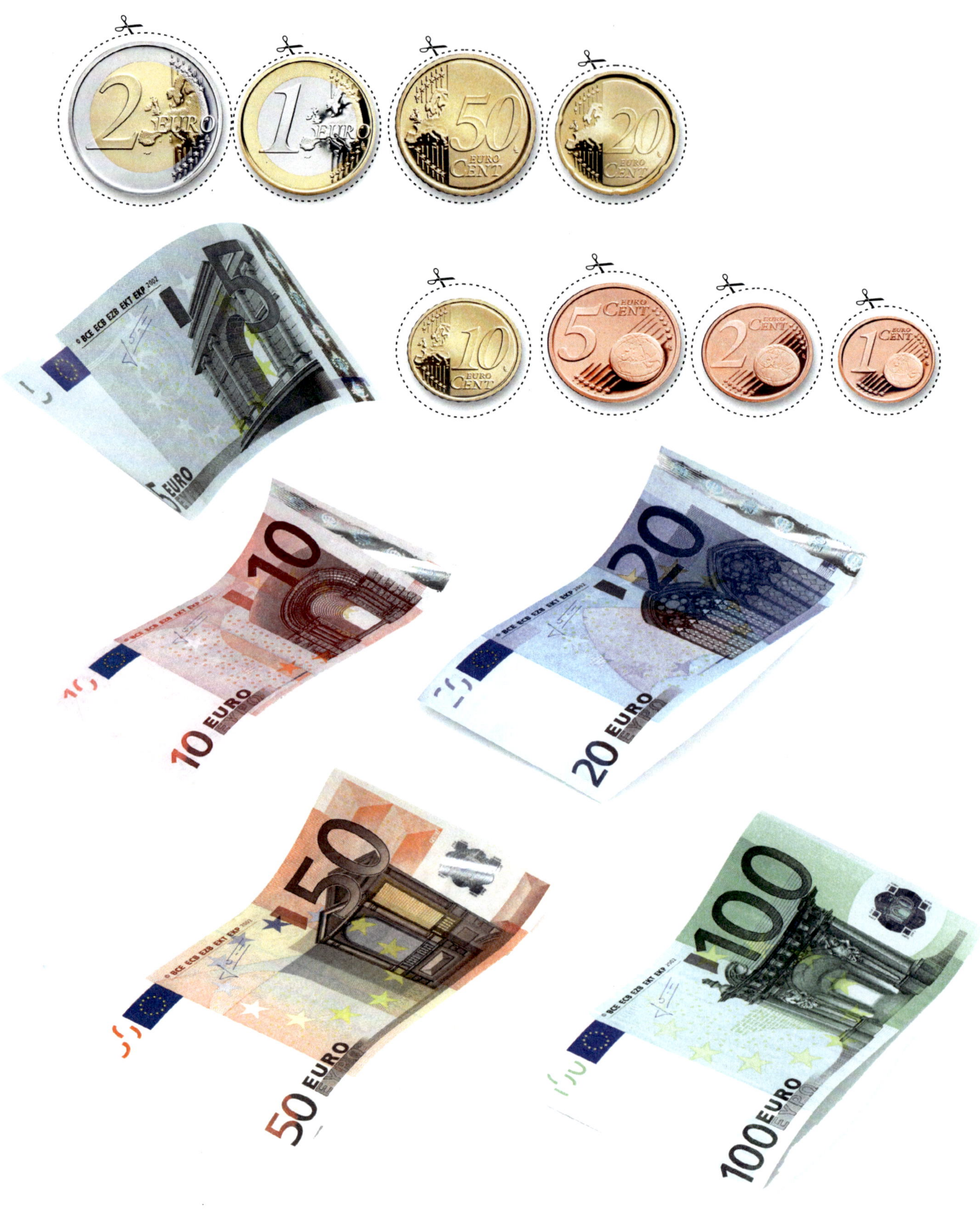